AF261627

LA

REVISION

PAR

EUGÈNE PELLETAN

SÉNATEUR

EN VENTE

<table>
<tr><td>A LA
LIBRAIRIE COLAS
26, RUE DAUPHINE, 26</td><td>CHEZ
MARPON ET FLAMMARION
Libraires Éditeurs
GALERIES DE L'ODÉON</td></tr>
</table>

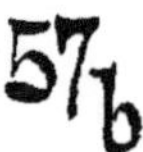

LE

PROGRAMME RÉPUBLICAIN

PARIS. — IMPRIMERIE C. MARPON ET E. FLAMMARION, RUE RACINE, 26.

LA

REVISION

PAR

EUGÈNE PELLETAN

SÉNATEUR

EN VENTE

A LA
LIBRAIRIE COLAS
26, RUE DAUPHINE, 26

CHEZ
MARPON ET FLAMMARION
Libraires Éditeurs
GALERIES DE L'ODÉON

LE

PROGRAMME RÉPUBLICAIN

LA REVISION

I

Eh oui, sans doute, tel peuple, telle Constitution ; le législateur ne la fait pas, il la trouve toute faite. Il est simplement un secrétaire chargé de la rédaction.

Toute Constitution écrite en suppose une première dont elle n'est que la copie, et cette Constitution préalable, est-il besoin de le dire? c'est le génie de ce peuple, c'est son caractère propre, son état social, son degré de civilisation ; c'est sa place sur la carte, tout ce qui fait, en un mot, que la France est la France et n'est pas l'Angleterre.

Eh oui, sans doute aussi, une Constitution n'est pas affaire de mode ni œuvre de coquetterie politique, qui croit d'autant mieux plaire qu'elle change plus souvent de toilette.

A côté du pouvoir constituant qui l'a donnée une première fois au pays, il y en a une autre, le temps, qui la redonne jour par jour, en la faisant passer de l'état de lettre morte à l'état de lettre vivante.

Eh oui, sans doute, de ce qu'une Constitution est perfectible, ce n'est pas une raison pour la remanier à tout propos uniquement par dilettantisme de l'Idéal. La revision est une opération chirurgicale qui demande une certaine délicatesse de main : on ne doit y procéder qu'avec une extrême prudence.

Tout cela a été dit et redit, imprimé et réimprimé ; tout cela est de la généralité, de la banalité, par conséquent le hors-d'œuvre de la discussion, puisque de part et d'autre c'est chose acquise au débat ; écartons-le donc pour aller droit à la question.

Écartons aussi les gros mots ; vous êtes des intrigants, vous êtes des sots, des roués ou des dupes, nous disent les adversaires de la revision. Cette manière de raisonner n'est pas de la discussion, elle est de la mauvaise humeur. Quand nous leur renverrions le compliment, en serions-nous plus avancés ? Discutons sans nous injurier : l'injure est du temps perdu.

II

Faut-il reviser la Constitution ? dans quelle limite et en vertu de quelle procédure ? Telle est la question à l'ordre du jour. Elle est posée, il faut la trancher ; un pouvoir qui est un doute n'est plus un pouvoir ; il a perdu une partie de son autorité.

Mais ce n'est pas une opinion sérieuse qui réclame la revision, avons-nous lu, c'est l'opinion infinitésimale de quelques tapageurs qui ont enflé leur voix pour essayer de persuader à la nation que lorsqu'ils ont parlé c'est sa propre voix qu'elle a entendue.

A quels signes cependant, quand nous discutons entre nous, pouvons-nous distinguer l'opinion réelle de l'opinion factice ? Ce n'est pas aux affirmations ni aux démentis que nous échangeons de part et d'autre, car, pour chacun de nous, l'opinion authentique est celle que nous croyons voir, en nous regardant au miroir, et l'opinion artificielle est celle que nous lisons sur la figure de notre adversaire.

Je pense ainsi, donc le pays pense de la même façon ; l'opinion c'est moi, voilà la prétention éternelle de tous les partis.

III

Il fut un temps où la France étouffait dans la camisole du suffrage restreint, elle demandait de l'air pour le droit de vote. Que répondait M. Guizot ? il répondait que la demande n'était qu'une rougeole volante tout au plus à fleur d'épiderme. Il appelait cela un *prurit* ; le *prurit* emporta une dynastie.

En fait d'opinion ne faisons pas parler le pays, laissons-le dire, et quand il a dit, il faut avoir l'oreille bien dure pour ne pas l'entendre.

Eh quoi ? depuis huit mois la question de la revision sonne sur toutes les cloches. Il n'y a pas un journal démocratique qui ne l'ait réclamée, pas une réunion électorale qui ne l'ait débattue, pas un comité qui ne l'ait inscrite en tête de son programme, pas un député républicain qui n'ait promis de la voter, pas un sénateur de la gauche soumis à la réélection qui n'ait pris le même engagement, et on prétend que ce n'est là qu'une folle brise qui joue avec une girouette !

Mais si le suffrage universel n'est plus le critérium de l'opinion, où irons-nous donc le chercher ?

Ce n'est pas que nous prenions pour argent comptant tout ce qu'on reproche au Sénat : à entendre ce qu'on en dit, on croirait qu'il forme un tout d'un bloc toujours le même et animé d'un seul esprit. Il est au contraire un corps toujours en voie de formation, aussi fluide et insaisissable que la matière première d'une nébuleuse ; pour l'apprécier exactement on doit commencer par le décomposer et faire l'analyse chimique de ses divers éléments.

Nulle assemblée au monde n'a compté autant de partis et de subdivisions de partis, de groupes et de sous-groupes, à tel point, qu'on est tenté quelquefois de se demander si c'est une Chambre ou si c'est de la poussière.

IV

Il y a d'abord le parti des convictions qui renferme

les trois Gauches ; nous disons trois, et nous ne savons trop pourquoi, car étroitement unies entre elles, elles ne sont séparées que par une cloison mobile qu'on pourrait enlever sans inconvénient.

Il y a ensuite le parti des ombres qui retourne sans cesse la tête pour chercher de l'œil l'Eurydice de Frossdorf, mais à peine lui a-t-il tendu les bras, qu'elle fond dans l'espace, *jam non tua*, et qu'elle disparaît au regard.

Il y a de plus le parti des illusions perdues qui caresse peut-être encore l'espérance d'un troisième Empire, mais qui n'a pu réussir à découvrir un empereur du goût de tous les fidèles.

Il y a ensuite le parti des arrière-pensées qui prend le titre de constitutionnel et qui a voté, en effet, la Constitution parce qu'il la regarde comme une passerelle jetée entre la République et la Monarchie.

Il y a, en outre, le parti des timidités, qui ne demande pas mieux que de marcher, mais à condition de ne pas quitter le coin du feu. Le grand air lui donne le vertige et, à chaque pas qu'il tente, la tête lui tourne.

Il y a enfin le parti de victimes. Celui-là gémit, celui-là soupire ; on a été injuste, ingrat envers lui, et sa douleur a toute la fierté de l'intrigue ; il cherche dans l'ombre d'autres mains que celles qu'il serrait autrefois. Après cela, il a joué si souvent la comédie dans sa vie et avec tant de sincérité, qu'il ne peut plus distinguer en lui l'homme de l'acteur, et la croyance de l'imagination de la croyance. Nous ne comptons pas les déclassés, les solitaires, les mécontents, les boudeurs, les capricieux, les distraits qui reçoivent un mandat de leurs électeurs et le perdent en route, qui partent républicains de leur chef-lieu et arrivent réactionnaires au Luxembourg.

Comment pouvoir dégager de cette masse flottante, plus mobile que le sable, une majorité assurée et une politique suivie?

Cette majorité, le Sénat, l'eut une minute, il y a trois ans; mais elle n'a fait qu'apparaître pour disparaître; de là, tout ce qu'il y a eu de décousu et de contradictoire dans sa conduite; il ne dépend pas de lui-même, il dépend d'une douzaine de voltigeurs qui, en obliquant tantôt à droite, tantôt à gauche, déplacent à son gré le centre de gravité, et impriment sans cesse à la barque un mouvement de roulis.

A qui la faute? à la situation; le Sénat ne l'a pas faite, il la subit. Loin d'en être responsable, il en est victime.

V

Parce que le Sénat n'a pas été alors tout ce qu'il aurait dû être, tout ce qu'il sera demain, est-ce à dire qu'il n'y ait plus qu'à prononcer son oraison funèbre, et mettre sur la porte du Luxembourg : Maison à louer!

Si nous ne nous faisons illusion, le Sénat renferme un état-major parlementaire qui ne redoute pas la comparaison; toutes les fois qu'il a eu loi à faire ou à revoir, ce n'est ni la science, ni la compétence qui lui ont manqué; plus d'un projet sorti du Palais-Bourbon n'a pas eu à regretter, en y retournant, d'avoir fait le voyage du Luxembourg.

Est-il vrai ensuite, comme on le dit et comme on le croit peut-être, qu'il ne soit qu'une Chambre de *veto* et qu'il y ait chez lui un parti pris de conflit.

Mais le conflit n'a jamais été de sa part un système ; il a été tout au plus un accident et le plus souvent le hasard de quelques voix errantes qui étaient parvenues à dérober une majorité de passage.

Le retour à Paris inquiétait le Sénat. « Nous y serons trop près de la Seine », nous disait un sénateur qui est pourtant un homme d'esprit; le Sénat a-t-il repoussé la rentrée à Paris? Non, il l'a votée. L'amnistie l'effrayait : il y voyait une réhabilitation de la Commune; l'a-t-il cependant rejetée? Non encore, il l'a votée par égard pour la Chambre qui lui a toujours témoigné, d'ailleurs, le même esprit de conciliation.

Le Seize-Mai, aux abois, après les élections du 18 octobre, avait le bras levé sur la République; qui lui a retenu la main?

Le malheureux, qui marchait les yeux bandés à la tête d'une troupe de Quinze-Vingts, avait promis d'aller jusqu'au bout ; le point d'honneur lui faisait un devoir de tenir sa parole, et il roulait dans sa tête la pensée d'une seconde dissolution de la Chambre, qui ne pouvait être que la préface d'un coup de force contre le pays. Le Sénat refusa de concourir à cette politique de désespoir et par son refus il obligea le Seize-Mai à mettre bas les armes et à rentrer dans la Constitution.

Il est vrai que le groupe qui repoussait une seconde dissolution, avait voté la première. Mais il n'avait voté qu'en frappant sa poitrine, uniquement pour être agréable au maréchal qui était son homme, ou plutôt un sabre laissé sur un fauteuil pour garder la place du comte de Paris.

Quand il crut entrevoir le personnage masqué d'un autre Deux-Décembre, la partie lui parut dangereuse ; la pièce une fois lancée en l'air, Dieu sait de quel côté elle pouvait tomber : l'orléanisme en France n'était pas même un souvenir ; le bonapartisme, au contraire, venait de régner ; il avait déposé sur le sol l'alluvion d'un personnel administratif, militaire, judiciaire, inféodé à la fortune de l'empire.

VI

La France interrogée le 18 d'octobre avait clairement signifié aux coureurs d'aventure qu'elle voulait la République et qu'elle la voulait, non plus entre deux gendarmes, comme la veille, mais libre de ses mouvements, avec une armée à elle, une administration à elle, une magistrature à elle, en un mot, avec toute l'unité d'action et toute l'intégrité du pouvoir.

Cependant le maréchal était toujours là, de planton à l'Élysée, muet, boutonné, avec un *quid* écrit sur le front dont personne ne pouvait déchiffrer le mystère. Il avait sur la mécanique constitutionnelle des peuples libres toutes les notions qu'on peut acquérir à la caserne. Il croyait, ou bien on lui avait fait croire que Chambre, Sénat et Présidence formaient trois pouvoirs identiques, avec les mêmes attributions et les mêmes prérogatives. Il suffit qu'il y en ait deux contre un pour qu'à eux deux ils puissent fonctionner sans le concours du troisième. La République est un gouvernement de majorité, disait-il ; or, moi Président, je suis la majorité puisque j'ai le Sénat dans la main. Donc je peux gouverner sans la Chambre et même contre la Chambre si elle fait mine de résister. Ce commentaire plus que hardi de la Constitution, professé l'épée au côté, n'était pas fait pour rassurer le pays ; aussi attendait-il avec impatience le renouvellement du premier quart sortant du Sénat.

Qu'allait dire le suffrage indirect ? Il n'avait parlé qu'une fois, ni bien ni mal, plutôt mal que bien ; il n'était encore qu'un apprenti ; il avait fait son éducation politique au village, et cette école-là était trop près de la cure et du château ; allait-il contredire le suffrage direct et faire du Sénat le camp retranché de la réaction où la monarchie tiendrait garnison. Alors il y avait un suffrage de trop, puisqu'ils ne pouvaient s'entendre entre eux ; donc le désordre dans le parlement et dans l'État à la fois ; plus de Constitution, plus de République, car elle ne pouvait pas plus marcher qu'une charrette ne roule avec un cheval attelé par devant et un autre par derrière. La France était de nouveau jouée à pile ou face et condamnée au supplice de l'imprévu. De toutes parts on comptait, on pointait, on espérait, on doutait, et quand, le jour même de l'élection, un frisson invisible passa silencieusement sur le fil électrique, frisson qui n'était autre chose que le nom de tel ou tel autre sénateur élu, on doutait encore jusqu'à l'heure où la vérité fut connue ; elle était telle que l'optimisme lui-même n'eût osé la rêver.

La France respirait enfin ; elle allait vivre, penser, travailler, produire, vendre, acheter et donner à l'Europe le spectacle nouveau d'une République de trente-six millions d'âmes, libérale, pacifique, laborieuse, qui ne demande à rayonner de sa place sur le monde que par le paisible éclat de la science, de l'industrie, du commerce. Le maréchal donna du coup sa démission : M. Dufaure le suivit dans sa retraite. *A situation nouvelle, hommes nouveaux,* avait-il dit. Que n'a-t-il mieux compris la situation nouvelle ? Jamais homme d'État n'eut eu plus beau coucher de soleil.

VII

La nation, jusqu'alors bâtée et montée par un pouvoir de rencontre, était désormais présidée par un président républicain, gouvernée par un ministère républicain ; il ne lui manquait plus qu'une politique républicaine, conservatrice et réformatrice, ce qui est tout un ; conserver c'est améliorer.

De toutes les réformes, il n'y en avait pas de plus pressée que celle de l'instruction.

La Compagnie de Jésus avait peu à peu envahi l'enseignement. L'enseignement pour elle n'était qu'un moyen, le but était l'embauchage de la jeunesse ; elle ne tendait à rien moins qu'à couper la France en deux : la France du *Syllabus*, la France de la Révolution ; on a pu voir dans ces derniers temps qu'elle n'avait que trop réussi.

Mais de quel droit enseignait-elle dans notre pays dont le sol eût dû lui brûler les pieds pour peu qu'elle eût le respect de la légalité ? car enfin le jésuite viole la loi rien que par sa présence ; mais qu'est-ce que la loi pour lui ? pas même une feuille au coin de la borne. Citoyen nulle part, conspirateur partout, il n'a d'autre loi que la Règle, d'autre patrie que la Maison de l'Institut, maison qui n'est pour lui qu'une auberge, d'autre chef qu'un vieillard caché dans une cellule, dont chaque ordre est un secret.

Il fallait en finir cependant avec cette société de rôdeurs en rupture de ban qui ne sont Français que par leur extrait de naissance, et qui ne le sont pas même toujours de cette façon, routiers accourus de toutes les contrées, de la Pologne, de l'Irlande, de la Flandre, de la Bavière, de l'Espagne, pour faire dans toutes les langues et sur tous les chemins une guerre de miquelets à la Révolution française et à la civilisation moderne.

On ne vit pas avec la Société de Jésus, on la subit ou on la chasse ; si l'on la subit on est l'Espagne de Ferdinand VII, le Portugal de Don Miguel, le royaume de Naples du roi Bomba. Il n'y a plus là de peuple, il n'y a plus là qu'un bétail. Cela broute, cela meurt ; l'histoire passe et tourne la tête.

Mais en appliquant aux jésuites la loi d'expulsion, auparavant appliquée par tous les gouvernements, le ministère républicain craignait de passer pour féroce, et par un sentiment d'humanité fort louable, il se contenta de leur interdire d'enseigner. Il glissa donc l'article 7 dans la loi sur l'enseignement supérieur.

Cet article était-il bien à sa place? Venait-il à propos? n'avait-il pas l'air d'une parenthèse jetée incidemment dans le débat pour esquiver la question plutôt que pour l'aborder de front? La page est tournée, nous n'avons pas à la relire. Il n'en est pas moins vrai que c'était la première rencontre avec le cléricalisme. L'avant-garde donnait ; le feu était ouvert ; il fallait marcher au drapeau.

Mais, au lieu de marcher, une fraction de la majorité républicaine se débande et se replie sur la Droite ; nous respectons profondément les scrupules des dissidents qui ont lâché pied dans cette circonstance. Leur conscience leur donnait un ordre, ils l'ont exécuté pour rester en paix avec eux-mêmes et avec leur ménage.

Pour justifier le rejet de l'article 7 on faisait sonner très haut le mot de liberté. Le jésuitisme gardé par la liberté et gardien à son tour de la liberté, lui qui ne respire et ne conspire que pour la trahir et que pour la tuer ! Le bon sens public a donc bien baissé en France pour qu'on ose à ce point lui manquer de respect !

Le vote du Sénat avait déconcerté la démocratie pour ne rien dire de plus ; elle en avait conclu que la majorité n'avait cessé d'être royaliste que pour devenir cléricale; or, de l'une à l'autre, il y a tout au plus l'épaisseur d'une toile d'araignée.

Conclusion trop prompte et au fond exagérée, puisque la majorité, qui s'était désagrégée sur l'article 7, se reforma sur toutes les autres lois présentées par M. Jules Ferry et défendues par lui avec cette dialectique vigoureuse qui est la première éloquence.

VIII

La magistrature, en France, a pour principe qu'un gouvernement n'est ni bon ni mauvais, ou plutôt qu'il est tour à tour l'un et l'autre; mauvais quand il tombe, excellent quand il arrive. Le meilleur est celui qui règne et qui paye.

Elle a prêté serment au premier empereur, l'Empire croule, elle reprend son serment et le met au service de la Restauration. La Restauration disparaît, la magistrature a encore de la fidélité en magasin, elle l'offre à la dynastie de Juillet; dix-sept ans après, le fiacre qui emportait Louis-Philippe n'avait pas franchi la barrière, qu'elle défilait processionnellement en robe, sur la place de Grève, par un temps de giboulées, pour aller porter à l'Hôtel-de-Ville, les pieds dans la boue, l'expression toujours empressée de son dévouement, à toute épreuve.

On ne peut lui comparer dans l'histoire que l'humeur vagabonde de lady Carlisle.

La complaisante duchesse pratiqua, elle aussi, avec talent, la théorie de l'évolution et, dans le cours d'une jeunesse infatigable, elle fit de son boudoir le rendez-vous de toutes les vicissitudes politiques de l'Angleterre; et cela tout naïvement, tout naturellement, sans avoir la prétention d'inventer une science nouvelle; elle émigra successivement avec la plus consciencieuse infidélité des bras du pouvoir vaincu aux bras du vainqueur, de Buckingam à Strafford, qui avait détrôné Buckingham, de Strafford à Pym, qui avait décapité Strafford, et après ce long circuit d'amours, toujours compatissants au plus fort, elle finit par retourner à la royauté.

Le gouvernement actuel est le seul qui n'ait pas trouvé grâce devant la magistrature, soit qu'elle n'ait pas cru à la durée de la République, soit que la passion cléricale l'ait emporté chez elle sur la réflexion. Quoi qu'il en soit, le parti républicain a pu apprendre à ses dépens que s'il y a encore des lois en France, il n'y a plus de légalité et que, s'il y a des juges, il n'y a plus de justice.

La conduite de la magistrature sous le ministère du 16 mai, était encore toute fraîche dans les mémoires. Le gouvernement de combat lui avait fait une telle commande de procès que c'est à peine si elle avait le temps de les fabriquer. Elle condamnait, elle condamnait; Trois mille condamnations en quelques semaines, toutes contre le parti républicain. Une justice à la vapeur n'eût pas fonctionné avec plus de vitesse.

Et pendant et après l'exécution des décrets, qu'avons-nous vu des yeux de nos sens? Nous avons vu les gardiens de la loi enjamber la loi, pour aller au secours d'émeutiers en robe de capucins, et leur tendre la main par-dessus les barricades de couvents.

Le gouvernement pouvait-il tolérer plus longtemps la conspiration de l'audience affiliée à la conspiration de sacristie?

Il présenta un projet de réforme judiciaire; la Chambre le vota. Quand la proposition vint devant le Sénat, quel accueil lui fit-il? La commission nommée par lui voulut bien nous apprendre que la magistrature inamovible, parce qu'elle est surtout amovible par l'avancement, n'avait que le tort d'être trop parfaite. Elle possède tant de mérites cachés que le plus grand nombre échappe à notre regard; nous ne pouvons que l'admirer et la conserver. Tout au plus pouvait-on supprimer la limite d'âge et augmenter le traitement.

Mais la limite d'âge existe pour l'armée, pour la douane, pour l'administration, pour toute la hiérarchie appointée au budget. Il vient une heure où la tête penche, où le pas pèse, où la cervelle aux trois quarts éteinte fume comme la mèche de l'Évangile, et au juge seul, réduit par la sénilité au minimum d'être humain, on voudrait maintenir le droit de juger; et après tout qui en souffrira? le justiciable peut-être; mais la magistrature n'est pas faite pour le justiciable : elle est faite pour le magistrat.

Le rapport de la commission n'eût pas été sans doute.

le dernier mot du Sénat. Il n'en était pas moins encore un démenti à l'opinion.

IX

Il paraît que les fautes aiment à se donner rendez-vous ; quand les premières arrivent, les autres marchent sur leurs talons.

A peine le Sénat avait-il rompu avec la Chambre sur le fait de la magistrature qu'il éprouvait le besoin de rompre encore avec elle sur le rétablissement du scrutin de liste. Nous avons lu, nous avons écouté tout ce qu'on a écrit ou dit à ce sujet ; on a beaucoup argumenté, beaucoup ergoté de part et d'autre ; nous n'en tenons pas moins pour un axiome de géométrie politique que, plus on localise l'élection plus on abaisse le niveau de la représentation nationale ; l'esprit de clocher ne nous a jamais paru devoir être le meilleur homme d'État.

Si encore le scrutin de liste eût été un fait nouveau, un problème à l'étude, on eût compris une certaine timidité d'esprit à son égard ; mais il était au contraire consacré par l'expérience.

En dehors de cette considération toute politique, il y en avait une autre qui devait donner à réfléchir au Sénat. C'était le Palais-Bourbon qui avait pris l'initiative du scrutin de liste, et on ne saurait nier que dans cette question il ne fut le principal intéressé. La politesse de Chambre à Chambre exigeait qu'on l'examinât sérieuse-

ment et qu'on lui fît au moins l'honneur d'une discussion des articles.

Mais voici que tout à coup, sans qu'on sache pourquoi
ni comment, un mauvais vent souffle sur le Luxembourg, et la majorité, au lieu de ne voir dans le projet de
loi que le projet lui-même, y découvre en le regardant
au microscope un sous-entendu menaçant, un embryon
de plébiciste et, sur cette ingénieuse vision, elle exécute
sommairement le scrutin de liste.

Que pense-t-elle aujourd'hui du vote uninominal ?
il s'est chargé lui-même de répondre.

X

On peut encore se tromper sur une doctrine, mais
comment se tromper sur un nom propre, quand ce nom
est à lui seul tout un principe ?

Un homme a lutté pour la démocratie à une époque
où il y avait quelque courage rien qu'à rester debout au
milieu de la prostration universelle. Toutes les fois qu'il
fallait payer de sa personne et marcher, il était toujours
un des premiers à l'appel, pour offrir sa poitrine au
danger.

Quand la démocratie arriva au pouvoir, elle le con-
naissait de longue date ; elle savait qu'elle pouvait compter sur son dévouement, sur son talent de jurisconsulte,
sur son âpreté au travail, sur son tact, sur son sens
pratique ; elle le mit à la tête du département de la Seine,

le poste le plus difficile, et lui, de son côté, il résolut le problème que l'on croyait insoluble, l'accord de la municipalité avec l'administration, et cela sans céder un pouce sur le terrain de la légalité.

Sa place de préfet de la Seine le frappait d'inéligibilité; ses jours de sénateur étaient comptés. Un groupe des trois gauches l'avait désigné pour une place d'inamovible. La réunion plénière avait ratifié ce choix sans qu'aucune voix eût fait ni une observation, ni une réserve... et quand, ensuite, on dépouille le scrutin, ce n'est pas le nom de M. Hérold qui sort de l'urne. Ce qu'une majorité de coalition avait tenu à frapper ce jour-là, c'était moins encore la République que la fidélité à la République.

XI

Il y avait trois ans à peine que le pays avait envoyé une majorité républicaine au Luxembourg, et cette majorité fondait au souffle on ne sait de quelle influence.

On avait repoussé l'article 7, on avait rayé le mot *laïque* de la loi de l'instruction, on avait marchandé l'élection de M. Broca pour une question d'histoire naturelle, on avait rejeté bien loin toute idée de réforme judiciaire, on avait écarté d'un geste de dédain le scrutin de liste et enfin on avait infligé un affront à la moralité politique dans la personne de M. Hérold.

Tout cela, sans doute, n'était pas le fait de la Gauche

toujours ferme sur elle-même, mais de cette petite fraction nomade qui pratique avec un talent infini l'art du changement à vue, toujours républicaine à l'entendre, mais républicaine à éclipse. A tout ce qu'on peut dire pour la ramener à elle-même elle a une réponse toute prête : Ma conscience ! et en parlant ainsi elle met la main sur sa poitrine.

Cette politique à rebours de l'opinion attira naturellement l'attention sur le Sénat ; on se demandait comment était née l'institution et de quel père ou de combien de pères, car elle en a eu plusieurs ? Pourquoi deux sortes de sénateurs, les uns à viager, les autres à bail ? Pourquoi deux catégories d'électeurs, le Sénat ici pour un quart et là le délégué de la commune pour les trois autres ? pourquoi de commune à commune, n'avait-t-on pas tenu compte du chiffre de la population ? Une paroisse de cent feux pesait autant dans la balance qu'une ville de cent mille habitants. En face de ces anomalies, disons le mot, de ces énormités, calculées dans un intérêt de parti qui n'était pas précisément le parti républicain, on était amené à reconnaître que si la Constitution du 25 février avait été votée, elle n'avait pas été discutée ; elle fut une œuvre de lassitude, on était fatigué du provisoire. Il fallait en finir ; on en finit par une transaction.

Mais la République, nous a-t-on dit, capitulait dans cette circonstance. *La République ne traite avec l'ennemi qu'avec du plomb.* Le mot, croyons-nous, est de Saint-Just. Nous aimons l'héroïsme au théâtre avec un chapeau empanaché, mais en politique nous préférons le bon sens; le bon sens nous commandait d'accepter la transaction.

Qui serait aujourd'hui le gouvernement si nous ne l'avions pas acceptée ?

Nous n'avons fait que prendre exemple de l'Amérique du Nord ; elle avait eu après son émancipation à enfanter une Constitution dont les couches furent si laborieuses que l'enfant faillit mourir dans la main de l'accoucheur. Cette Constitution, qui était elle aussi un compromis, avait eu le don de déplaire au parti gouvernemental qui la trouvait trop anarchique et au parti démocrate qui la déclarait trop autoritaire. Ils ne voyaient en elle qu'une République estropiée de naissance. Pourrait-elle vivre ? Washington en doutait aussi bien que Jefferson.

L'un et l'autre oubliaient le peuple américain qui était la meilleure des Constitutions : la Constitution vivante. Il versa dans cette charte déclarée à peine viable son esprit éminemment pratique, et l'Amérique fut..... ce qu'elle est aujourd'hui, une nation hors de mesure. Le gigantesque habite en elle et déborde sur tout un continent ; elle le remplit déjà, elle met la civilisation au pas de course ; à peine a-t-on le temps de la suivre du regard.

XII

Le Vingt-quatre-Mai avait débuté par l'odieux pour aboutir à l'impossible. Il n'était parvenu à renverser M. Thiers qu'en recrutant tous les partis hostiles à la République.

Au légitimisme il laissait entendre qu'il allait rappeler immédiatement la royauté ; au bonapartisme qu'il allait maintenir l'interrègne jusqu'à la majorité du prince impérial ; à l'orléanisme que l'intérim n'était qu'un acheminement à la royauté citoyenne ; de sorte qu'après la victoire de la coalition, il ne pouvait rester dans le *statu quo* ni en sortir. Qu'il y restât, le parti légitimiste criait à la perfidie ; en sortait-il, le parti bonapartiste criait à la trahison.

Il dut accepter pour la forme une tentative de Restauration.

Mais l'entreprise ne pouvait réussir qu'à la condition de rapprocher la branche aînée de la branche cadette et de les appeler désormais la Maison de Bourbon. L'opération offrait quelque difficulté. Louis-Philippe avait soutiré la couronne de son neveu ; il avait accouché la duchesse de Berry en public, ce qui était pour la piété filiale un outrage à la pudeur difficile à pardonner.

Le comte de Paris dut aller à Frossdorf reconnaître tout cela et confesser, rien que par sa démarche, que son aïeul en montant sur le trône avait commis ce qu'on appelait autrefois une félonie.

Après cet acte de repentir d'une part et de magnanimité de l'autre, les deux cousins signèrent réciproquement, du bout des lèvres, sur leurs joues respectives, le traité de réconciliation de la Maison de Bourbon. De quel œil se sont-ils regardés après ce baiser, et qui a baissé la tête le premier ?

Pendant ce temps-là les courtiers-marrons de la monarchie disposaient de la France dans un château d'Au-

triche et discutaient gravement les clauses du marché.
On était pressé, on ne s'expliqua sur rien de peur de
ne pas s'entendre et, en partant, on se déclara parfai-
tement satisfait de l'explication. Il ne restait plus à ré-
gler qu'une question de teinturier : de quelle couleur
serait le drapeau?

Le parti de la Fusion s'était compté d'avance et se
croyait sûr de la majorité ; il l'affirmait du moins quand,
un matin, Paris apprit que le comte de Chambord ne
consentait à régner qu'au même titre et en vertu du
même droit que Louis XIV, c'est-à-dire sans autre charte
que la vierge Marie et sans autre contrôle que son
confesseur.

Ce fut alors qu'en désespoir de cause, un Lycurgue
pied-bot, natif du Dauphiné, imagina le bouche-trou du
Septennat — personnel ou impersonnel, on n'a jamais
su lequel, malgré la grave discussion dont il a été
l'objet ; — pouvoir sans nom, sans précédent, qui
n'était ni la République ni la royauté, qui était l'une et
l'autre à la fois, l'une en apparence, l'autre en perspective ; un homme et non un gouvernement, le jour et
non le lendemain, le peuple français en pénitence jusqu'à l'heure où il ferait amende honorable de la Révolution. Le Septennat finit par un éclat de rire.

Cet état de qui-vive de la France, toujours dans l'attente d'un gouvernement de droit ne pouvait durer.
L'Assemblée nationale s'était déclarée Constituante, et
puisqu'elle ne pouvait constituer, elle devait remettre
son mandat à la nation.

Cet ajournement indéfini de la Constitution inquiétait

la conscience de certains représentants peu républicains, mais assez honnêtes pour trouver déplorable qu'on voulût laisser la France plus longtemps suspendue à un point d'interrogation ; et un d'entre eux, M. Wallon, présenta un amendement qui assurait la transmission du pouvoir.

On avait dépouillé le scrutin, le résultat paraissait douteux ; il fallut recommencer à diverses reprises l'opération du pointage. Il y avait entre le oui ou le non, entre le salut et le néant un écart d'une voix et cette voix changeait de côté d'un pointage à l'autre. Enfin, après avoir voltigé plus d'une heure, elle se fixa sur l'amendement.

La République était proclamée ; elle n'était pas encore constituée. Mais une Constitution et une Constitution républicaine était la conséquence forcée du vote de l'Assemblée.

XIII

On vit alors entrer en scène un personnage resté jusque-là dans la coulisse.

Il avait refusé de voter l'amendement de M. Wallon ; il voulait bien adhérer à une Constitution républicaine, mais à condition d'intervenir au contrat et d'y stipuler le prix de son concours.

C'était ce groupe d'hommes de talent dévoyés, partisans de la Révolution, au moins de celle de Juillet, et alliés de la contre-Révolution depuis la chute de leur dynastie. Voltairiens dans leur cabinet, cléricaux dans leur salon, ils répudiaient la République parce qu'elle n'était pas assez grande dame pour les talons rouges de la bourgeoisie; ils écartaient aussi la Monarchie, parce que la montre du comte de Chambord était trop en retard sur l'heure de la nation.

Ils consentaient à subir jusqu'à nouvel ordre l'expérience d'une troisième République, mais sous la réserve expresse que, dans la distribution des pouvoirs, le Sénat serait remis entre leurs mains comme ôtage, et dans cette intention ils inventèrent l'ingénieux stratagème de soixante-quinze sénateurs nommés à vie, *hic et nunc*, par une assemblée où ils avaient tout droit de compter sur une majorité.

Le parti orléaniste prêtait, comme on le voit, son concours à usure. Il se réservait dans la seconde Chambre une place de sûreté. Devions-nous l'accepter pour auxiliaire et au prix qu'il mettait à son assistance? Fallait-il, au contraire, le repousser de crainte qu'il n'attirât la République entre deux portes pour l'étouffer au passage? Les défiants nous en donnaient le conseil. Quant à nous, nous avions foi dans l'étoile de la démocratie, nous avons souscrit au marché; l'événement nous a donné raison.

La République précaire au 4 septembre, démoralisée au 8 février, compromise au 18 mars, menacée au 24 mai, et toujours remise en question, avait cependant traversé d'un pas ferme tous les obstacles semés sur son chemin; elle avait conquis de plus en plus les esprits et entraîné les intérêts à sa suite ; elle avait prouvé qu'elle était plus qu'une idée, qu'elle était un destin. Il ne lui manquait qu'un régime légal ; elle allait le posséder ; elle le possédait déjà. Tout retour en arrière devenait impossible : la route était barrée.

Cependant cette Constitution imposait un devoir d'honneur au parti qui nous avait offert l'alliance du quart d'heure. Nous l'avions élaborée ensemble, nous l'avions votée en commun, disciplinairement, à la muette, sans donner la réplique, par assis et levé, au milieu des huées de la Droite. Il y avait donc, entre nos compagnons de vote et nous, un traité tacite de n'inscrire sur la liste des soixante-quinze premiers sénateurs inamovibles que des noms de représentants, tout au moins résignés à la République.

Le parti orléaniste fabriqua, au contraire, une liste de candidats réfractaires à la Constitution pour la plupart, où ne figurait aucun nom républicain, pas même de la nuance la plus éteinte ; tout au plus daigna-t-il laisser au bas de ses bulletins une douzaine de blancs pour les réserver aux convictions molles, qu'on pourrait appeler les filles repenties de la République.

Le voile fut déchiré, ce jour-là ; il fut clair que l'orléanisme n'avait visé qu'à mettre la main sur le Sénat et, par le Sénat, sur le pouvoir.

Une partie de la coalition l'accusa de jouer double jeu, tantôt avec la gauche pour voter la Constitution, tantôt avec la droite pour se réserver le moyen de la renverser. Le légitimisme intraitable, qui avait encore 1830 à venger, protesta ; le bonapartisme murmura ; et le parti qu'on né peut nommer; car toutes les fois qu'on lui demande son nom il répond comme le Grec dans l'antre de Polyphème : Personne… ce parti donc, pris à sa propre souricière et bafoué par sa propre habileté, put voir passer pendant huit jours le mélancolique défilé de ses défaites successives et toujours renouvelées avec une implacable monotonie.

Cette semaine de succès nous donnait un premier acompte et l'on pouvait ajouter le présage de la majorité dans le Sénat. Encore un dernier effort, un dernier tour de scrutin et la majorité restait à tout jamais acquise à la République.

Mais, à ce moment suprême, il plut à une demi-douzaine de don Quichotte, pris tout à coup d'un accès chevaleresque de générosité, de violer la discipline suivie jusqu'alors, et d'une voix attendrie, au spectacle de la déroute des ennemis, en faisant un retour sur eux-mêmes et, dans une effusion de pitié, assurément très louable, mais très peu politique, ils se disent, ils nous disent : nos adversaires ont été coupables tout au moins d'intolérance. Nous l'avouons ; ils nous ont exclus, nous le reconnaissons ; et bien vengeons-nous noblement, montrons notre supériorité sur eux, en les ramassant sur le champ de bataille ; soyons les sœurs de charité qui pansent leurs blessures.

Et à la liste convenue ils substituent d'eux-mêmes, sans avertissement, une liste imprévue d'une ineffable mansuétude, et à quel moment ? Au moment où la droite découragée renonçait à lutter et à mettre des noms en ligne contre nos candidats, tant elle désespérait du succès.

Cette manœuvre de magnanimité à la dernière heure nous fit perdre la majorité au Sénat pendant trois ans ; que disons-nous, pendant trois ans ? pendant six ans, car la réaction profita de cette étourderie sentimentale, pour faire provision de vingt sièges d'inamovibles.

Cette faute primordiale de quelques esprits trop accommodants, et surtout trop confiants dans leur Minerve, ont entraîné le Sénat dans une voie d'hésitation, de contradiction telle que, de conséquence en conséquence, le pays trompé dans son attente devait réclamer la revision.

XIV

Gardez-vous bien de l'accorder, nous disent certains hommes, assurément peu suspects pour nous et d'autres infiniment trop suspects, car la revision n'est qu'une brèche ouverte à la suppression du Sénat ; si vous livrez l'ouvrage avancé, le corps de la place ne tardera pas à succomber. Cet argument n'a qu'un tort, c'est de venir après De Maistre. La superstition, a-t-il écrit quelque part, est l'avant-poste de la religion ; le livrer à l'assaillant, c'est le mettre au pied du rempart ; il n'a plus qu'à monter à l'assaut.

Louis-Philippe exprimait la même pensée, sous une autre forme ; c'est de concessions en concessions que

Louis XVI a marché à l'échafaud. Et en vertu de ce principe il manœuvra si bien que, pour échapper à une réforme, il culbuta dans une révolution.

Quand donc finira-t-on par comprendre en France que tout sacrifice d'amour-propre fait à temps à l'opinion est pour un pouvoir un abonnement à la durée? Il suffit de désarmer l'opposition de tout grief légitime pour la réduire à l'impuissance. L'art de la politique, comme de la navigation, consiste à prendre le vent; il n'est pas un homme d'État anglais qui n'ait toujours présent à l'esprit ce premier précepte du métier.

L'opinion publique frappe-t-elle, oui ou non, à la porte du Luxembourg et réclame-t-elle la revision? Si vous dites non, nous vous regardons pour voir si vous vous prenez au sérieux. Mais, en face des faits qui ont déjà répondu, nous croyons toute autre réponse inutile : on ne démontre pas qu'il fait jour à midi.

Vous repoussez la demande de revision, c'est bien, mais croyez-vous repousser du même coup l'opinion qui l'a demandée? Croyez-vous la faire taire par un refus. Mais elle n'est pas une mendiante qu'on renvoie d'un mot; elle a la prétention quelque peu justifiée d'être une souveraine, et ce qu'elle sollicite aujourd'hui, prenez garde qu'elle ne l'exige demain.

Vous la retrouverez donc sans cesse et partout, d'autant plus sévère pour vous que vous l'aurez blessée de gaieté de cœur sans avoir même pour vous l'excuse de l'avoir ignorée.

Plus une élection de conseiller municipal ou général, plus une nomination à faire d'un député ou d'un séna-

teur où elle ne viendra au scrutin, plus une réunion
préparatoire, plus une assemblée électorale où elle ne
dicte ce premier article du programme : revision et toujours revision, plus une polémique de la presse où ce
programme ne soit de nouveau débattu et la revision,
toujours la revision, remise sur le tapis. L'agitation
revisionniste ira ainsi grossissant et grondant dans
le pays jusqu'à ce qu'elle éclate en menaces qui com-
pliqueraient la question, car le Sénat ne pourrait que
lui opposer la résistance de sa dignité.

Quand une fin de non-recevoir n'est pas une solution,
qu'elle est une prolongation et par conséquent une
aggravation de la lutte par chaque minute de retard, il
y a plus que de la témérité à écrire en marge de la péti-
tion du pays : Néant à la requête !

XV

Mais à quoi bon insister? La revision ne fait plus
doute ; le gouvernement la propose, la Chambre la votera,
le Sénat l'acceptera. Mais sur quels points portera-t-elle ?
Il est de par le monde des travailleurs en subtilités qui
ne peuvent laisser tomber une goutte d'encre de leur
plume qui ne soit une argutie; ils nous refusent le droit
de limiter le champ de la revision. La limite, selon eux,
n'appartient qu'au Congrès sous prétexte, qu'une fois
réuni, il est maître de son ordre du jour.

Mais quand la Constitution, qui est probablement la

règle du Congrès aussi bien que des deux Chambres, dit que l'une et l'autre peuvent demander la revision en tout ou en partie, elle a donc fait un pléonasme ; car si la partie, dans une géométrie encore à créer, signifie le tout, pourquoi avoir distingué? Pourquoi n'avoir pas écrit simplement la revision, puis qu'il est convenu que dans un cas particulier la partie embrasse la totalité et que l'une et l'autre sont synonymes.

On aurait voulu empêcher l'exercice du droit de revision qu'on n'aurait rien trouvé de mieux que ce bon plaisir du Congrès qui pourrait étendre à l'infini le mandat spécial qu'il a reçu, et à propos d'un article, sabrer à sa fantaisie la Constitution tout entière. Chaque fois qu'on éprouverait le besoin de remanier un point déterminé du pacte fondamental, comme par exemple l'article qui fixait le siège du Parlement à Versailles, on remettrait en question tous les autres articles et on replongerait *ipso facto* le pays dans la ténébreuse perspective de l'inconnu. Et on pourrait croire qu'une Chambre et un Sénat, en plénitude d'intelligence, iraient donner tête baissée dans une aventure dont ils ne connaissent ni le premier ni le dernier mot, et s'exposer et en même temps exposer le pays à tous les hasards d'une improvisation constitutionnelle.

Le Congrès serait donc à ce compte, par la seule vertu d'un voyage à Versailles et la juxtaposition des deux Chambres dans une enceinte, une Constiu ante à la fois permanente en principe, intermittente en fait, une eucharistie virtuelle et invisible de la souveraineté nationale, qui pourrait, d'un moment à l'autre, décider du sort de la nation par-dessus la tête du suffrage universel, sans avoir pris son avis ou sans l'avoir mis dans la confidence ! Si une pareille prétention avait trouvé preneur à Versailles il y a quatre ans, le Parlement, plus ambulant que jamais, paierait encore son billet d'aller et retour à la gare Saint-Lazare.

On s'est donné la peine de prouver que : vu tel texte et tel autre texte et la saine interprétation qu'une jurisprudence non moins saine lui a donné, le Congrès ne pouvait outrepasser la procuration qu'il a reçue de la Chambre et du Sénat : on a eu trop de bonté et fait trop d'honneur à un paradoxe. Il serait difficile de trouver dans le personnel humain une tête tant soit peu en équilibre sur ses deux épaules, qui puisse endosser le paradoxe d'une révision à la cantonnade, qui revise sans savoir d'avance ce qu'elle fait, et revisera peut-être tout autre chose que ce qu'elle a voulu reviser. Passons.

XVI

Le Sénat se recrute de deux manières, par lui-même d'abord pour un quart et, pour les autres quarts, par un corps d'électeurs soit attitrés soit délégués. Il renferme donc deux classes de sénateurs nommés différemment et pour une durée différente, les uns à vie, les autres à temps ; les uns irresponsables, les autres responsables. A quoi tient cette diversité, cette inégalité de situation ? Nous comprenons une pairie héréditaire quand c'est la naissance qui la nomme et qui l'accompagne dans la Chambre haute avec tous les privilèges ou les préjugés attachés à une noblesse ; nous comprenons encore une pairie viagère, quand c'est le roi qui la choisit par ordonnance : on croyait pouvoir la soustraire ainsi à la domination du gouvernement.

Mais un Sénat inamovible jusqu'à un certain chiffre et amovible au-delà, c'est là une conception qu'on ne peut expliquer que par une tactique de parti. On nous dit bien, pour justifier cette anomalie, que l'inamovibilité rend le sénateur indépendant.

Indépendant de quoi ? de ses passions, de ses haines, de ses faiblesses ? Loin de là : l'inamovibilité, au contraire, lui donne d'avance une lettre de rémission pour toutes ses défaillances, ou ses erreurs, ou ses apostasies. Nous faut-il encore le redire : l'homme est d'autant plus moral qu'il est responsable. La responsabilité est une conscience du dehors qui vient au secours de la conscience du dedans et la retient dans le devoir. Si comme on le prétend, l'irresponsabilité a le don de garantir l'indépendance, pourquoi ne pas en étendre le bénéfice à tous les sénateurs, et alors ce n'est plus un Sénat que vous aurez, c'est une pairie. Vous savez que de toutes les vertus qu'elle a pu avoir la moindre était à coup sûr l'indépendance.

XVII

Mais si vous supprimez l'inamovibilité que ferez-vous

des inamovibles? Allez-vous leur signifier leur congé par ministère d'huissier et répartir leurs sièges, au marc le franc, entre les quatre-vingt-six ou sept départements de France? Eh, mon Dieu! non. Nous reconnaissons volontiers qu'ils ont ce qu'on appelle une position acquise, consacrée par la possession. Il doit leur en être tenu compte en justice comme en équité.

Ils étaient sénateurs, ils le seront encore, mais au même titre et pour le même temps que leurs collègues, et en vérité ils seraient mal venus à se plaindre d'avoir à échanger un privilège pour le droit commun.

Mais cette réforme accomplie et l'inamovibilité supprimée, faut-il imposer au Sénat l'unité d'origine et le soumettre au même baptême électoral? Autrement dit, le Sénat conservera-t-il sa faculté de cooptation? Est-ce là une prérogative exorbitante que nous ayons à rayer d'un trait de plume? Nous ne le pensons pas ; en voici la raison.

Une seconde Chambre ne saurait être la doublure de la première. Ou elle n'est qu'une superfétation ou elle doit être autre, par son recrutement et conséquemment par son caractère. Or, le caractère du Sénat, dans la pensée de la Constitution, est l'esprit de suite et de fixité pour faire contrepoids à ce qu'il peut y avoir de trop variable et de trop prompt dans une Chambre issue du suffrage universel, assez impressionnable lui-même pour céder à l'entraînement des circonstances. Or, cet esprit de suite et au besoin même de retenue, le Sénat le possédera d'autant plus qu'il procédera lui-même à son propre renouvellement dans une certaine mesure. Nous disons dans une certaine mesure; car un Sénat entièrement recruté par lui-même ne serait plus qu'un simulacre de l'Académie française : le souffle du dehors qui vivifie une institution ne saurait y pénétrer.

Il est une autre considération qui doit nous engager à maintenir au Sénat le droit de choisir un quart de son effectif. La République n'admet d'autre aristocratie que celle du talent; c'est là sa noblesse à elle, et c'est de cette cour princière du génie de la France qu'elle aime à entourer le pouvoir. Quand donc un citoyen fait grande figure soit dans la science, soit dans l'art, soit dans la littérature, soit dans l'industrie, il y va de l'intérêt de la démocratie de pouvoir lui offrir l'hospitalité du Sénat, ne fût-ce que pour fortifier le régime parlementaire en jetant sur lui la parure de la célébrité.

Il n'est pas toujours au pouvoir même du nom le plus illustre de trouver un collège électoral qui consente à l'envoyer siéger au palais du Luxembourg. Le plus souvent d'abord la place est détenue par le premier occupant et, ne le fût-elle pas, qu'elle sera donnée de préférence à quelque notabilité du terroir.

Partout aujourd'hui on veut un homme du cru pour représenter le département. Comme la gloire habite Paris, qu'irait-elle faire un jour d'élection dans la Corrèze, si elle n'est corrézienne au moins d'origine.

Il y a ensuite tel homme d'État, tel prince de la parole qui a de plein droit en quelque sorte sa place marquée dans la représentation nationale; mais la loterie du scrutin, l'injustice peut-être d'un moment l'a écarté de la vie politique; comment pouvoir l'y ramener, sinon

par la main du Sénat, et ce n'est pas ici une hypothèse imaginée à plaisir. Lamartine, élu par dix départements au mois d'avril 1848, ne trouvait pas au mois
de mai suivant un seul collège disposé à l'envoyer à la
Législative, et, vingt ans plus tard, de combien de voix
s'en est-il fallu pour que Jules Favre ne remontât plus
à cette tribune dont il avait réveillé l'écho trop longtemps muet?

XVIII

Ne pourrait-on pas transférer au Congrès le droit de
nomination jusqu'à présent réservé au Sénat?

Quelle que soit notre déférence pour l'homme d'État
qui a proposé cette opinion, nous ne pourrions la contresigner. D'abord elle dénature le caractère de l'institution, tel que nous venons de le définir; elle ferait entrer
la Chambre et par conséquent l'esprit propre à la Chambre dans le Sénat, car elle aurait nécessairement par
sa supériorité numérique le monopole de l'élection.

N'est-il pas à craindre d'ailleurs qu'il n'y ait le candidat de la Chambre en opposition au candidat du Sénat
nécessairement vaincu d'avance. Quelle serait le lendemain la situation du vainqueur vis-à-vis du vaincu? Il
arrivera au palais du Luxembourg comme en pays conquis et, de son côté, le Sénat verra en lui le certificat vivant de sa défaite.

Nous cherchons de part et d'autre à éviter les occasions de froissements et nous irions bénévolement en créer d'incessants, non plus sur les projets de loi qui ne sont, après tout, que des conflits d'idées, mais sur des noms propres qui ne seraient au fond que des misérables questions de personnes. Il ne faut rien rapetisser, même le conflit.

Autre inconvénient. Le Congrès nomme un quart des membres du Sénat, au prorata des vacances. Est-on bien sûr que, par une pente toute naturelle, la Chambre des députés, imitant en cela la dernière Assemblée nationale, n'expédiera pas au Luxembourg des hommes pris dans son sein et choisis parmi les députés les plus en vue et les plus en renom? Certes, la Chambre est assez riche en talents pour que cette émigration ne l'appauvrisse pas et ne dégarnisse pas la nombreuse réserve de capacités et de notoriétés dont le suffrage universel l'a meublée.

Mais enfin le public, qui n'est pas toujours bienveillant, ne pourrait-il soupçonner, dans ces nominations faites en famille, des complaisances de camaraderie qui diminueraient à la fois le prestige de la Chambre et l'autorité du Sénat. Ce n'est qu'un doute en passant; il vaut ce qu'il vaut. Cependant nous avons vu plus d'un député émigrer au Sénat, nous n'avons vu aucun sénateur troquer son fauteuil au Luxembourg pour un siège au Palais-Bourbon.

N'y a-t-il pas enfin, entre la mise en scène et le dénouement de la pièce, quelque chose qui pourra prêter au sourire ?

Nous mettrions en mouvement cette lourde machine du Congrès qu'on ne sort qu'aux grandes occasions pour aller en pompe et en pèlerinage parlementaire par la rive gauche et par la rive droite, procéder avec l'étiquette et la solennité de toutes Chambres réunies, au remplacement d'un sénateur décédé et, après vingt-quatre heures d'absence, nous ramènerions triomphalement de cette expédition hors barrière quelque Languedocien pêché dans les eaux troubles du Tarn.

Le Congrès est un instrument précieux dont on ne doit pas abuser : le prodiguer, c'est le déprécier.

Il en est qui nous conseillent de retirer toutes les élections de sénateurs et au Sénat et au Congrès comme remplaçant du Sénat, et au suffrage restreint, pour les remettre indistinctement au suffrage universel en donnant toutefois au Sénat d'autres attributions qu'à la Chambre pour ne pas faire double emploi : d'autres, soit, mais lesquelles? et pourquoi d'autres ? Du moment que le suffrage universel nommera les deux Assemblées, il portera également dans chacune d'elles sa propre virtualité ; où serait la raison d'étendre ses attributions ici et de les restreindre là, puisque c'est le même souverain qui parle par la bouche et vote par la main d'emprunt de l'une et de l'autre Assemblée.

Dira-t-on à la première : toi, tu seras le ministère et le vote du budget, et à la seconde : toi, tu seras le contrôle et le bureau d'enregistrement? Mais l'une et l'autre ont la même origine et tirent de cette origine la même autorité. En vertu de quel principe dès lors attribuer à celle-ci un pouvoir qu'on refuserait à celle-là, si ce n'est que l'une s'appelle le Sénat et l'autre la Chambre. La différence de nom ferait donc à elle seule la différence du mandat, à moins que ce ne soit la différence du logement.

XIX

L'idée de confier à chaque commune de France, prise comme unité électorale, la nomination du Sénat fut une heureuse inspiration qui dépassa probablement les prévisions de l'inventeur. On lui a reproché dans le temps et on lui reproche encore d'avoir introduit la politique dans le village et d'en avoir troublé la champêtre harmonie.

On ne nomme plus aujourd'hui, nous disent les mélancoliques de la réaction, un conseiller municipal pour son aptitude à la fonction, mais pour son opinion politique, si tant est qu'il en ait une qui lui soit personnelle. Enfin on arrache le cultivateur à l'influence du presbytère pour le livrer à l'inspiration du cabaret, et à la domination du propriétaire terrien, pour l'abandonner à la faconde du tribun de clocher.

Laissons d'abord de côté et le hobereau, et le tribun, et le presbytère, et le cabaret, qui n'ont rien à voir dans la question ; le curé n'a pas à se mêler des rivalités de parti, il n'a qu'à s'occuper des affaires du ciel, qu'à sonner la cloche aux heures des offices et qu'à prier indistinctement pour tous ses paroissiens et, quant au cabaret, il est le cercle de la blouse ; on n'y joue pas du moins aussi gros jeu qu'au Jockey-Club.

Vous reprochez à la loi électorale d'introduire la poli-

.tique jusque dans la dernière bourgade, et pourquoi non? Vous y introduisez bien la religion. Vous voulez qu'on apprenne à connaître le royaume céleste, et pour le royaume terrestre, vous voudriez le mettre hors de portée de celui-là même qui en est le souverain. Puisqu'il paye l'impôt il a bien le droit de savoir pourquoi il le paye, et dans quelle mesure il doit le payer.

Mais précisément le reproche qu'on adresse au mode électoral du Sénat en fait le mérite. Il suffit que le suffrage universel ait marqué au front tout Français, inscrit à l'état-civil, du titre de citoyen, le plus grand qui existe, puisqu'il fait du plus modeste laboureur incliné sur sa charrue un souverain en participation. Mais si ce titre n'est pour lui qu'une parade, si son vote n'est qu'un acte mécanique dont il n'a pas conscience, parce qu'on l'appelle à voter sur des noms trop loin de lui, dont il ne peut apprécier la valeur. Il est donc nécessaire de rapprocher l'électeur de l'élu, et comment y arriver si ce n'est en élargissant l'horizon politique du paysan, en l'élevant de la petite patrie de sa commune à la commune universelle de la nation?

A ce point de vue, la loi électorale qui remet la nomination du Sénat à la commune dans la personne de son délégué, a déjà contribué et contribuera de plus en plus à l'éducation politique de la campagne.

Il y a cependant une règle de proportion à établir entre les diverses communes appelées par la Constitution à élire des sénateurs. Sinon leur égalité absolue de droit aboutit en fait à la plus choquante inégalité. La commune qui n'est que la reproduction de l'ancienne paroisse, dans la campagne, représente cent habitants, tandis que dans telle capitale de province elle en représente cent mille.

Il a pu sans doute entrer dans l'esprit d'un certain parti de vouloir submerger la population urbaine, parce qu'on la savait trop démocratique, dans la population rurale, parce qu'on la supposait moins républicaine.

L'événement a trompé ce calcul, la bourgade a voté comme la ville ; la pâte a pris le levain. Il n'en est pas moins dans l'ordre de la justice distributive de faire une répartition plus équitable du droit de délégation conféré à la commune pour l'élection du Sénat : accorder, par exemple, un délégué de plus, passé tel chiffre de population, sans pousser cependant la proportionalité à l'extrême, car après avoir noyé la grande commune dans la petite, on finirait par engloutir ces dernières dans les grands centres de population. C'est là une opération d'arithmétique, aisée à faire, en tenant compte de cette double donnée : le nombre d'un côté et la commune de l'autre, qui est et qui doit rester le véritable électeur du Sénat.

XX

Reste maintenant la question des attributions :

Elle est résolue ; elle l'était d'avance par la force des choses, par l'exemple de tous les peuples en pleine jouissance du régime représentatif, qu'il soit monarchique ou qu'il soit républicain.

A la Chambre, la désignation du ministère. Accordé ; la Chambre toujours plus près de l'esprit public par la fréquence du renouvellement de son mandat, doit en porter l'expression directe au pouvoir.

A la Chambre encore, le dernier mot du budget. Reconnu ; nous comprenons que la question ait été posée et aussi ajournée à cette heure critique où une majorité monarchique du Sénat, soutenue par un président royaliste tenait la République en quarantaine.

Mais aujourd'hui, sinon tout à fait aujourd'hui, mais demain, quand le pays aura reconstitué notre majorité républicaine sur une telle échelle, que nous n'aurons plus à craindre dans nos rangs les désertions à l'ennemi, où pourront être les conflits entre la Chambre et nous sur des articles de budget? Nous aurons le même esprit, nous marcherons au même but, au moins d'intention. Si nous repoussons une dépense parce que nous la trouvons mal appliquée, de deux choses l'une : nous aurons tort ou nous aurons raison ; si nous avons tort, un crédit utile sera maintenu.

En quoi l'amour-propre du Sénat pourrait-il en souffrir? Si, au contraire, nous avons raison, croyez-vous que la Chambre ne prendra pas en considération notre vote et les arguments à l'appui, et qu'elle n'étudiera pas à nouveau la question de plus près et ne sentira pas, dans tous les cas, qu'au-dessus de nous comme au-dessus d'elle il y a un arbitre suprême qui nous regarde, qui note nos actes au passage et en dresse le bilan? Toute erreur entraîne avec elle sa responsabilité. Le Sénat en est la preuve en ce moment.

Il semble vraiment que la coexistence de deux Assemblées date de hier ; mais deux Chambres ont siégé en France sous la Restauration, sous la légitimité ; nous ne parlons pas du Sénat du second Empire, qui n'était pas à vrai dire un pouvoir colégislatif. Est-ce que jamais la pairie a révendiqué un droit *ex-equo* au vote du budget? La France a-t-elle eu à gémir de voir la Chambre garder la clé du trésor?

Il est cependant un cas réservé, c'est le cas où la Chambre, comme elle l'a déjà fait une ou deux fois, voudrait abolir, par voix budgétaire, une loi existante en supprimant le crédit nécessaire à l'exécution de cette loi ; une loi ne peut pas être abrogée de biais en quelque sorte, d'une façon détournée, elle ne peut l'être que formellement, explicitement, et, par conséquent, avec le concours des deux Assemblées. Dans cette hypothèse nous aurions le devoir de repousser un article de budget, qui serait un empiétement sur les droits de la puissance législative du Sénat.

XXI

. La revision ne suffit pas à certains boute-en-train : il ne leur faut rien moins que la mort du Sénat.

Nous nous sentons cependant rassurés sur son existence quand nous voyons quelques-uns d'entre eux, les plus notables, solliciter du suffrage indirect un billet de logement pour prendre place au feu et à la chandelle de la maison.

Il n'est pas présumable qu'ils veuillent y entrer uniquement pour jeter un coup d'œil au local et à en admirer la dorure. Ils sont, nous n'en doutons pas, des amis discrets qui veulent bien nous apporter l'autorité de leur nom comme un argument de plus pour le maintien du Sénat.

Quelle raison cependant invoquent-ils, eux et leurs alliés, à l'appui de leur thèse d'une Chambre unique ? La tradition républicaine qui n'a jamais admis, à les entendre, la dualité de la représentation nationale ? En sont-ils bien sûrs ? et ont-ils lu, autrement que du pouce, l'histoire de la Révolution ?

Mais qu'est-ce donc que la tradition ? la voix du passé ; elle vaut ce que vaut le passé. Un légitimiste la prend toujours à la lettre, parce qu'il n'a pas d'autre argument en faveur de la monarchie. Un républicain ne l'accepte que sous bénéfice d'inventaire.

Si jamais il y a eu Assemblée au monde qui ait prouvé tout ce que peut être une Chambre unique, c'est bien la tragique et glorieuse Convention.

Délibérant dans un pays en feu, les pieds sur une poudrière, elle avait à sauver la France de la contre-Révolution à l'intérieur et de l'invasion au dehors. Elle l'a sauvée... mais, lorsqu'après s'être déchirée elle-même et ensanglantée de ses propres mains, elle eut écrasé en vendémiaire les insurgés de la monarchie et donné à la France ses victoires pour frontières, lors donc qu'elle eut à rédiger une Constitution, que fit-elle ? Éclairée par sa propre expérience sur les dangers d'une Chambre solitaire, elle inscrivit dans le pacte de l'an III la garantie constitutionnelle de deux Assemblées.

Ce n'est pas tout que de prononcer du haut de sa pleine science l'arrêt de mort du Sénat : qui exécutera la sentence ? Le Sénat lui-même probablement, puisque sans son consentement on ne peut le tuer.

L'adhésion du Sénat à sa propre indignité, passant lui-même la corde à son cou pour monter à la potence, son propre juge et son propre condamné! Il n'y a pas à Charenton de génie assez parfait dans l'art du délire pour entreprendre de résoudre ce problème.

Pas d'équivoque ni de malentendu ; le Sénat désormais républicain votera la revision, non par ordre ni par faiblesse, mais par raison, en toute indépendance, pour liquider un passé dont il ne saurait accepter la solidarité, et tracer une ligne de démarcation entre la majorité d'aujourd'hui et la majorité d'hier ; mais, en votant la revision, il entend simplement y retremper son autorité morale et y puiser une force nouvelle pour la mettre au service de la République ; quand elle aura besoin de lui elle le trouvera.

XXII

Nul plus que nous ne respecte le suffrage universel et ne lèverait la main plus haut pour le défendre. Lors même qu'il s'est trompé, son erreur avait une excuse; mais enfin il s'est trompé quelque fois et c'est lui-même qui le dit puisqu'il s'est rétracté ; ce grand océan humain a lui aussi ses coups de vent et ses raz de marée.

Au mois d'août 1848, le suffrage universel élit une Assemhlée qui vote la République ; puis, au mois de décembre de la même année, il choisit pour président un prétendant à l'Empire qui, en prêtant serment à la Constitution, jurait au fond du cœur de la renverser. Il est vrai que dans l'intervalle l'insurréction de Juin avait passé le drapeau rouge à la main. Au mois d'avril de l'année suivante il nomme une Assemblée bigarrée qui ne veut à aucun prix d'un empereur, mais qui ne veut pas non plus de la République et la livre pieds et poings liés au couteau de l'égorgeur.

Inutile de parler du second empire. Il n'y a eu, sous ce règne du crime et du vice, ni régime représentatif ni suffrage universel à proprement parler, car le vote sans la liberté n'est qu'un coupe-gorge électoral.

Nul doute que si, après le 4 septembre, le suffrage universel eût été appelé à élire une Assemblée, cette Assemblée n'eût été républicaine ; mais on ajourna l'élection à cinq mois et l'Assemblée fut royaliste. Pour refaire la royauté ? pas le moins du monde, pour faire simplement la paix, parce que le parti royaliste à peu près seul la demandait ; mais sitôt qu'il vit qu'on voulait lui faire prendre la route de Frossdorf, alors il se cabra et, depuis ce jour, il ne s'est jamais déjugé.

Invariablement et inébranlablement, malgré les voies de fait du Seize-Mai, malgré les neuvaines du clergé pour appeler les bénédictions du ciel sur les boîtes à double fond de la légitimité, il a dit à la République : Ne crains rien, je suis là.

Oui, sans doute, il y est ; mais qui nous assure qu'un

jour ou l'autre, sous la poussée de quelque événement, il ne fera pas brusquement un bond en arrière? Il ne nommera pas, nous le voulons bien, une Chambre royaliste, mais une Chambre morcelée en tant de fragments, que la majorité ue pourra être qu'une majorité de coalition qui fondra sans cesse dans la main de tout ministère.

Où sera la garantie contre une Chambre qui représente plutôt un accident que l'état normal du pays, si ce n'est dans une autre Chambre qui, par la nature de son mandat à longue échéance, échappe naturellement aux soubresauts de l'opinion.

On nous parle sans cesse du conflit de la Chambre avec le Sénat; mais on ne nous parle jamais du conflit de la Chambre avec elle-même, bien autrement dangereux, s'il n'existe aucun tiers-arbitre.

Nous tentons en ce moment une grande expérience; si elle réussit, comme nous n'en doutons pas, elle portera plus loin que nos frontières. Il y va du sort [de la France et peut-être de son entourage. Nous n'avons pas le droit de nous tromper; mettons toutes les bonnes chances de notre côté. Voici la troisième fois que nous faisons l'essai de la République; c'est la première fois qu'elle a traversé une période de dix années d'existence. Notre sagesse l'a fondée; que la même sagesse la fortifie de jour en jour contre tout retour offensif de la fortune, et alors nous aurons gagné la plus grande partie de l'histoire. *Hæc est victoria nostra quæ vincit mundum.*

Nous n'avions pas achevé la phrase que le télégraphe nous apportait le résultat des élections.

Cette fois encore le pays a dépassé notre attente. Nous avons beau avoir confiance en lui, nous ne lui rendons pas assez justice.

Excepté dans quatre ou cinq départements de l'ouest encore plongés dans les brouillards, la réaction n'a tenu pied nulle part et là même où elle l'emporte, sa victoire n'est qu'une défaite ajournée.

Le Sénat a enfin une majorité à l'abri de toute défection et de toute intrigue. Aucun vent ne saurait désormais l'ébranler.

Qu'il soit direct ou indirect disions-nous il y a trois ans, le suffrage universel n'a qu'une volonté.

Il a fait son devoir, à notre tour maintenant.

FIN